Published by Gunpowder Press
David Starkey, Editor
PO Box 60035
Santa Barbara, CA 93160-0035

ISBN-13: 978-1-957062-13-6

www.gunpowderpress.com

The First Amelia
La primera Amelia

Poems | Poemas

Amelia Rodriguez

Emma Trelles
Alta California Series Editor

GunPowder Press • Santa Barbara
2024

To my abuela,
who came knocking on the door of my brain,
asking to be written about.

CONTENTS

Índice

At Night the Palm Fronds

become dead eagles. Gutters
gather bodies like cards.

In the right light I'd bet whatever
was living once. There are times

I'd still kill to be beautiful. I haunt
the panadería. She's never tasted

orejas. Listen—what else is night
giving feathers? We're flying

to Mars but it's cold there. I read
clipping feet off flowers keeps

their colors sharp. At some point
my mother stopped hiding her sleep

meds. Last night's dream, branches
grew birds, not needles. I stick

to what's good & easy—I saw
the girls in movies. Who minds

being tricked if it's magic?
She knows how to copy a dove's

call. Last week I woke, my ears
ringing. I hear great birders

aren't fooled by American night
-ingales. They watch them mocking

other singers, still call them by name.

En la noche las hojas de palma

se convierten en águilas muertas. Las canaletas
recolectan cuerpos como cartas.

En la luz adecuada, apostaría cualquier cosa
que haya tenido vida alguna vez. Hay momentos

en los que aún mataría por ser hermosa. Merodeo
la panadería. Ella nunca ha probado

orejas. Escucha, ¿qué más está dando de plumas
la noche? Volamos

a Marte, pero allí hace frío. Leí
que recortar los pies de las flores mantiene

nítidos sus colores. En algún momento,
mi madre dejó de esconder sus pastillas

para dormir. En el sueño de anoche: de las ramas
crecían pájaros, no agujas. Me quedo

con lo que es bueno y fácil. Vi
a las chicas en las películas. ¿A quién le importa

ser engañado si es magia?
Ella sabe imitar el canto de una paloma.

La semana pasada desperté con mis oídos
zumbando. Escuché que los grandes observadores de aves

no se dejan engañar por los ruiseñores
americanos. Los ven burlándose

de otros cantantes, aún los llaman por su nombre.

Comala, Colima, 1968

House made of grass,
courtyard with rooms around it,
gopher dead in the orchard,

& she,
so swollen with child
guava trees with ripened bounties know envy.

Here in Colima,
where light is green,
where neighbors' hands strip car tires & cowhides,
making shoes that carry her & women like her
to market, to barter for cornmeal & news.

She does not think of the inevitable leaving.
There is only coming & going,
stirring of babies within & without,
pots to be scrubbed in the basin
with its covey of small black snails.

But if she were to ponder it,
I'm sure that she would reason
that she sings at baptisms,
so God
is familiar with her voice.

Comala, Colima, 1968

Casa hecha de hierba,
patio con cuartos a su alrededor,
topo muerto en el huerto,

y ella,
tan hinchada de embarazo
que los árboles de guayaba con frutos maduros envidian.

Aquí en Colima,
donde la luz es verde,
donde las manos de los vecinos despojan neumáticos y cueros de vaca,
fabricando zapatos que la llevan a ella y a mujeres como ella
al mercado, a trueque por harina de maíz y noticias.

No piensa en la inevitable partida.
Solo hay llegadas y salidas,
revoloteo de bebés dentro y fuera,
ollas que deben ser lavadas en la pila
con su grupo de pequeños caracoles negros.

Pero si llegara a reflexionarlo,
estoy segura de que razonaría
que como canta en los bautizos,
seguramente Dios
conoce bien su voz.

At Fourteen, I Skip Church for the First Time

One hundred degrees & here I am
watching sparrows, their industrious winnowing

around the parched gray lot. Inside
singing has started, voices winnowing

out into motionless air: *Our God, like chaff,*
blows the wicked away. God's talent: winnowing.

Last week we made the school building Jericho,
walked its border three times, certain we'd win, knowing

prayer is like a key: it opens. There's a girl
in class who talks of parties, bodies, window in

to the lives of them, the chaff. Once I imagined
going: me in a dress I'd seen in a catalog, winnowing

through terrible crowds to find her, maybe her
saying, pleased, *Amelia*—she would know me.

A los catorce, falto a la iglesia por primera vez

Cien grados y aquí estoy
observando gorriones, su laborioso aventamiento

alrededor del reseco lote gris. Adentro
ha comenzado el canto, voces cribándose

en el aire inmóvil: Nuestro Dios, como a la paja,
sopla lejos a los malvados. El talento de Dios: aventar.

La semana pasada convertimos el edificio de la escuela en Jericó,
caminamos su perímetro tres veces, seguros de ganar, sabiendo

que la oración es como una llave: abre. Hay una chica
en clase que habla de fiestas, cuerpos, una ventana

a sus vidas, a la paja. Una vez imaginé
ir: yo con un vestido que vi en un catálogo, aventándome

entre multitudes terribles para encontrarla, tal vez ella
complacida, diciendo, *Amelia*, me reconocería.

On Friendship

1

Your face like heat & language of discovery. How you say, Sometimes. How vacuum whir of my straw almost wipes the words from air. I have a poor memory. Often I am surprised by old news.

2

At parties. For short films. For your boyfriend. In my bedroom, Christmas lights inventing shadows across your arms.

3

We even wear the same shoe size. Our wardrobes fold into one another, two hawks sparring in flight. My eyelids flicker as you brush crushed ruby across them, your brow a projected image slotting into place.

4

Both of us shivering in past-curfew air & I despise you; I never want to speak to you again. I am dressed in your skirt & it is nothing for you to hew down to the core of me. Yes, I want to see you tomorrow. Yes, the small blue pocket where I keep my rage is shaped like you.

5

Always the pool too cold to swim in. Always you, threatening me with a good time.

Sobre la amistad

1

Tu rostro como calor y lenguaje del descubrimiento. Cómo dices, A veces. Cómo el zumbido del vacío de mi sorbete casi borra las palabras del aire. Tengo una memoria pobre. A menudo me sorprendo con noticias antiguas.

2

En fiestas. Para cortometrajes. Para tu novio. En mi habitación, luces navideñas inventado sombras entre tus brazos.

3

Incluso usamos la misma talla de zapatos. Nuestros guardarropas se pliegan uno en el otro, dos halcones riñen en vuelo. Mis párpados mariposean mientras aplicas polvo de rubí sobre ellos, tu ceño una imagen proyectada encajando en su lugar.

4

Ambas tiritando en el aire pasada la hora del toque de queda y te desprecio; no quiero volver a hablarte nunca más. Estoy vestida con tu falda y para ti no significa nada llegar al núcleo de mí. Sí, quiero verte mañana. Sí, el pequeño bolsillo azul donde guardo mi furia tiene tu forma.

5

Siempre la piscina demasiado fría para nadar. Siempre tú, amenazándome con pasar un buen rato.

6

I wondered, of course. Wouldn't anyone? On dragon-pocked maps of our futures were compasses pointed at each another's names. On my waist, rumors exactly the size of your hand.

7

Surely there are worse ways to be told, Once I loved you, than with my hair in the braid you taught me, your face like the first time we   .

6

Me preguntaba, por supuesto. ¿No lo haría cualquiera? En los mapas de nuestro futuro marcados con dragones había brújulas que apuntaban a nuestros nombres. En mi cintura, rumores exactamente del tamaño de tu mano.

7

Seguro hay peores maneras de que te digan, Una vez te amé, que con mi cabello en la trenza que me enseñaste, tu rostro como la primera vez que nosotras   .

Baby Book Ghazal

Photo: I'm laced to the chest
of my mother, half-lost

in lens flare & grain.
Six months old, I've lost

nothing, not growth plates
nor earrings, not last

day of summer to flu,
not gone from chosen to lost

in a moment, become
flightless bird with list

of small rebellions.
& my mother—she's lost

no me she believes in,
leaves certain truths lost

in green blur of milk glass,
cracks that get glossed

over, like any minor tragedy:
snared kite, teeth left unflossed,

dead warbler, a deplaned
Amelia—first transatlantic, then lost.

Ghazal del álbum de bebé

Foto: estoy atada al pecho
de mi madre, medio perdida

en el destello y grano del lente.
Con seis meses, no he perdido

nada, ni placas de crecimiento,
ni aretes, ni el último

día de verano por la gripe,
no he pasado de elegida a perdida

en un instante, convertida
en ave sin vuelo con una lista

de pequeñas rebeliones.
Y mi madre, ella no ha perdido

ningún yo en el que crea,
deja ciertas verdades perdidas

en el verde lechoso de un vidrio opalino,
defectos que se pasan por alto

como cualquier tragedia menor:
una cometa atrapada, dientes sin lavar,

un pajarillo muerto, una Amelia desembarcada,
primero transatlántica, luego perdida.

Winter

Tired snow & you, stark & restless
as bats at sunset.
This city, its gray
that almost killed me.

                                     Huff
of the plane intercom like a drawn
breath. In the silence that follows,
                                  a jerk.

Long nights roaming
in absurd tulle sleeves.
Glassed trees casting
handlike shadows
on my skull.

In winter the lake takes
on a sheen like security.
How often did we find iced
rabbits dead & shimmering
on its shores?

I'd have given anything
to see a cicada skin,
split down the center,
still clutching
like a sure baby.

                              My careful portrait
sliced through with aircraft's rocking.
                   Another inadvertent scar.

Invierno

Nieve exhausta y tú, cruda e inquieta
como murciélagos al atardecer.
Esta ciudad, su gris
que casi me mata.

                                        Jadeo
              del altavoz del avión como un aliento
              contenido. En el silencio que sigue,
                                    un tirón.

Noches largas vagando
en absurdas mangas de tul.
Árboles de cristal proyectando
sombras como manos
sobre mi cráneo.

En invierno, el lago adquiere
un brillo como de seguridad.
¿Cuántas veces encontramos conejos congelados,
muertos y brillantes
en sus orillas?

Habría dado cualquier cosa
por ver una piel de cigarra,
partida por el centro,
aun aferrándose
con la confianza de un bebé.

                        Mi cuidadoso retrato
          atravesado por la oscilación del avión.
                  Otra cicatriz involuntaria.

Dining hall
& pale small carrots.
Your mouth with its visible
cloud of words.
For years I'd wonder
if I misheard you, if
the falsehoods
were only vegetables
breaking between my teeth.

Breathing boiler
& paper scent of the bookstore
as a way to remember
my body.
You drawing me into night
again, cleaving continents
through growing drifts.

                                        Outside the porthole,
                                        roiling concealment
                                        of clouds like snow.

Always I craved
landscapes bleached
more familiar. Rooting
out sleeping
worms with one booted
toe, only to tithe
them to cardinals.

Comedor
y zanahorias pálidas y pequeñas.
Tu boca con su visible
nube de palabras.
Durante años me pregunté
si te malentendí, si
las mentiras
eran solo verduras
rompiéndose entre mis dientes.

Respirando el aroma a caldera
y papel de la librería
como una forma de recordar
mi cuerpo.
Me atraes nuevamente hacia la noche
otra vez, dividiendo continentes
a través de acumulaciones crecientes.

Fuera del ojo de buey de esta ventana,
el ocultamiento turbulento
de nubes como nieve.

Siempre anhelé
paisajes descoloridos
más familiares. Desenterrando
gusanos dormidos
con la punta de la bota,
solo para diezmarlos
a los cardenales.

Wine pink as skin
freshly scabless.
My fingers tucked
behind your smile,
as though I could pull
apologies from your lips.

                              Chill of the plane's
                                  metal belly:
                              all of us bucking,
                              then suspended,
                                bodies in ice.

Vino rosa como piel
recién libre de escamas.
Mis dedos escondidos
detrás de tu sonrisa,
como si pudiera extraer
disculpas de tus labios.

El frío del vientre metálico
del avión:
todos nosotros sacudidos,
luego suspendidos,
cuerpos sobre el hielo.

Comala, Colima, 2009

My father, knifeless,
breaking guava scent
into mid-afternoon.
If the neighbor noticed
baring branches she says
nothing, so we sweeten
cobblestone paths
slicing the courtyard,
in the lean
mileage that framed
his pre-American life.

I tread all twenty
years in two hours,
pass the lime-washed
chapel, fountain
where my parents
posed before those days
swallowed water.

In the smallest shop,
hot with the tang
of cut rubber,
a wooden turtle bobs
its ceaseless head.
I cross the bricked
square with it clutched
in my palm, walking
on into the wound
of that green light.

Comala, Colima, 2009

Mi padre, sin cuchillo,
destrozando las guayabas
a media tarde.
Si la vecina nota
ramas al descubierto, ella no dice
nada, así que endulzamos
los senderos de adoquines
cortando el patio,
en el escaso
trayecto que enmarcó
su vida previa a los Estados Unidos.

Piso todos los veinte
años en dos horas,
paso por la capilla blanqueada
de cal, la fuente
donde mis padres
posaron antes de que esos días
se tragaran el agua.

En la tiendita más pequeña,
caliente con el olor
a caucho cortado,
una tortuga de madera mueve
su cabeza sin parar.
Cruzo la plaza empedrada
con ella apretada
en mi palma, avanzando
hacia la herida
de esa luz verde.

Eldest

Always this: the headless gopher.
My father, his stories of blood.
One twin forgets her half who was buried,
but my father remembers.
He was there,
washing sheets in the dish basin,
boiling rain for the first Amelia.

In some families,
a red-strung forehead meant airflow forever.
In mine, crimson was neighbor boy running
with knives, eyepatch after,
& strange science:
dissection day where theme of the class
was bring-your-own.

There's a story within this story
lost to stillbirth.
My father never talks about the babies,
only what he killed to keep
the garden safe.

El primogénito

Siempre esto: el topo sin cabeza.
Mi padre, sus historias de sangre.
Una gemela olvida su mitad que fue enterrada,
pero mi padre recuerda.
Él estaba allí,
lavando sábanas en la pila,
hirviendo lluvia para la primera Amelia.

En algunas familias,
un hilo rojo sobre la frente significaba flujo de aire eterno.
En la mía, el carmesí era el niño del vecino corriendo
con cuchillos, después un parche en el ojo,
y una extraña ciencia:
día de disección donde el tema de la clase
era llevar tu propio cadáver.

Hay una historia dentro de esta historia
perdida por un nacimiento sin vida.
Mi padre nunca habla de los bebés,
solo de lo que mató para mantener
seguro el jardín.

Poem in Which My Grandmother & I Speak the Same Language

I made you a ghost & said, Haunt these pages.
At the heart of my book you're rattling doors.
I'll pick up lamps you knocked from tables,

tuck your still-dark hair into place, say,
Look, I gave you tomatillos & ajo,
built a world where you spent your last year

in Colima counting green iguanas.
I touched your hand & saw your early days,
before corner stores with red foil chip bags,

when trees were still lush with white-lipped frogs.
You & I could live forever, me learning
to flip tortillas without burning my fingertips.

Or if not alive, at least hungry, spirits
who turn the stove on, two Amelias hovering
above the turning earth.

El poema en el que mi abuela y yo hablamos el mismo idioma

Te hice fantasma y dije, Embruja estas páginas.
En el corazón de mi libro, estás golpeando las puertas.
Recogeré lámparas que tiraste de mesas,

ajustaré tu cabello aún oscuro en su lugar, diré,
Mira, te di tomatillos y ajo,
construí un mundo donde pasaste tu último año

en Colima contando iguanas verdes.
Toqué tu mano y vi tus primeros días, antes de las tienditas
de la esquina y sus papas fritas envueltas en papel de aluminio rojo,

cuando los árboles aún estaban exuberantes con ranas de labios blancos.
Tú y yo podríamos vivir para siempre, yo aprendiendo
a voltear tortillas sin quemarme los dedos.

O si no estamos vivas, al menos hambrientas, espíritus
que encienden la estufa, dos Amelias flotando
sobre la tierra giratoria.

ACKNOWLEDGEMENTS

Many, many thanks to the University of California, Santa Barbara's College of Creative Studies & the writers, mentors & friends I met there. I am indebted, particularly, to Nick Neely, Hannah Morley, Vianna Mabanag, Marcella Broadbooks, Robert Krut, Carson Young, Michelle Politiski, Rebbecca Brown, Ethan Yu, Olivia Robert, Vidhisha Mahesh & María Salcido, who midwifed these poems with compassion & generosity as I worked to bring them into the world. Rick Benjamin, without you, very few of these poems would have been written, & even fewer would have been published.

Thank you to Corbyn Voyu, Ellen O'Connell Whittet, Kara Mae Brown, Michelle Petty-Grue & Trish Fancher, for believing in me.

To my family, thank you for supporting my poetry despite me being too shy to show you much of it. You shaped my work—and me—nonetheless. Tía Raquel, Tío Abel & Celeste, gracias por ayudarme a conocer Colima nuevamente. Los quiero siempre.

My deep affection & gratitude to Shannon Mewes, who helped transform a ragtag band of poems into a book with a story, & to Inna Nytochka, for the cheerleading, the bio workshopping & the perspective-changing conversations about what it means to write.

Agradacimientos

Muchísimas gracias a la Universidad de California, a la Facultad de Estudios Creativos de Santa Bárbara y a los escritores, mentores y amigos que conocí allí. Estoy especialmente agradecida con Nick Neely, Hannah Morley, Vianna Mabanag, Marcella Broadbooks, Robert Krut, Carson Young, Michelle Politiski, Rebbecca Brown, Ethan Yu, Olivia Robert, Vidhisha Mahesh y María Salcido, quienes ayudaron dar a luz estos poemas con compasión y generosidad mientras trabajaba para traerlos al mundo. Rick Benjamin, sin ti, muy pocos de estos poemas habrían sido escritos, y aún menos habrían sido publicados.

Gracias a Corbyn Voyu, Ellen O'Connell Whittet, Kara Mae Brown, Michelle Petty-Grue y Trish Fancher, por creer en mí.

A mi familia, gracias por apoyar mi poesía a pesar de ser demasiada tímida para mostrarles mucha de ella. Ustedes moldearon mi trabajo, y a mí, de todas formas. Tía Raquel, Tío Abel & Celeste, gracias por ayudarme a conocer Colima nuevamente. Los quiero siempre.

Mi profundo afecto y gratitud a Shannon Mewes, quien ayudó a transformar un revoltijo de poemas en un libro con una historia, y a Inna Nytochka, por darme ánimo, por el taller de biografía y las conversaciones que cambiaron mi perspectiva sobre lo que significa escribir.

About the Poet

Amelia Rodriguez is a lesbian writer from the Coachella Valley, California. The 2023 recipient of the San Diego Press Club's Rising Star Journalist Award, she is the associate editor at *San Diego Magazine*, where she covers art, culture, and obscure women's sports. Her articles and poetry have also appeared in *Rolling Stone*, *Spectrum Literary Journal*, and other publications.

Author's Note

"At Fourteen, I Skip Church for the First Time" contains a lyric from Greg Petit's 1989 song "Rejoice in the Law of the Lord!"

About the Translations

Translations by Alexandra Lytton Regalado, with Spanish style editing by Josué Andrés Moz and series editor Emma Trelles

Traducciones de Alexandra Lytton Regalado, con corrección de estilo en español de Josué Andrés Moz y editora de la serie Emma Trelles

www.ingramcontent.com/pod-product-compliance
Lightning Source LLC
Chambersburg PA
CBHW031302120626
46545CB00007B/2936